AF382186

VIVELESPORT

Lamine CAMARA est un éducateur sportif. Titulaire d'un brevet d'Etat de basketball et d'une Licence STAPS option *Education et motricité*, il découvre le monde du Sport-Santé sur le terrain, encouragé par sa rencontre avec le Dr Avronsart du centre médico-sportif de Saint-Denis. Il crée LACOMS, entreprise prestataire Sport-Santé, en 2009 afin d'encadrer un public de patients diabétiques pour le réseau DIANEFRA 93, en Seine Saint-Denis, pour lequel il organise des cycles de marches nordiques. Il met en place, en parallèle, la section Athlé-Santé au sein du club d'athlétisme SAINT- DENIS EMOTION.

Deux ans plus tard, avec du bon sens et de l'envie, l'ASSOCIATION DU SPORT-SANTE, créée entre deux patients de la section Athlé-Santé et deux médecins de Saint-Denis, arrive à mettre en place un programme passerelle en Seine-Saint-Denis : LE DEFI-FORME SANTE. Lamine CAMARA y sera prestataire. En 2018 le programme Défi-Forme Santé a encadré pas loin de   2 000 usagers, adultes et enfants, et compte bien faire évoluer la prise en charge des sédentaires mais également celle des sportifs avec pour objectif d'améliorer leur santé par des pratiques adaptées d'entraînement.

C'est dans un souci de partage d'expérience que Lamine CAMARA décide aujourd'hui de publier ce premier tome. Théorique, ce premier ouvrage est le préambule d'une série illustrant les choix pratiques et les freins rencontrés lors des différents projets mis en oeuvre.

Vivelesport

Tome 1 : Le Sport-Santé

Edition : BoD - Books on Demand,
12/14 rond-point des Champs-Elysées, 75008 Paris
Impression : BoD - Books on Demand, Norderstedt, Allemagne

ISBN : 9782322147168

Dépôt légal : août 2018

TOME 1

LE SPORT-SANTÉ

*Le plus difficile lorsque l'on discute, c'est de
savoir de quoi l'on cause*

Le Sport-Santé est une organisation. Un réseau qui a
pour objectif d'encourager la pratique d'une activité
physique régulière. Ce réseau Sport-Santé se singularise
par sa vocation, affichée, d'inciter ses usagers à
modifier durablement leur comportement. Les activités
proposées au sein du réseau Sport-Santé visent avant
tout un objectif sanitaire. Le principe fondateur d'un tel
réseau demeure la conviction que l'activité physique
régulière, par une organisation pluridisciplinaire
réfléchie et adaptée, participe de la prévention de
maladies et améliore la santé. Ce type de réseau intègre
les déterminants de l'accompagnement que sont la
motivation, l'observance thérapeutique, le suivi
individualisé…et différents acteurs des secteurs
sportifs, médicaux et paramédicaux, économiques et
politiques.

La polysémie du concept de "Sport-Santé", entraîne
parfois une confusion entre le (réseau) Sport-Santé et
l'(outil) activité physique adaptée. Définir le réseau par
l'outil minimise la complexe organisation
pluridisciplinaire. Le Sport-Santé englobe l'ensemble
des actions visant à améliorer la condition physique de
ses usagers, souvent malades chroniques : de la

stratégie utilisée par le médecin traitant pour motiver son patient à « faire du sport », de la capacité de l'éducateur sportif, de l'enseignant en activités physiques à animer des séances adaptées, ou de l'accompagnement et du suivi par le conseiller médico-sportif. Autant d'actions visant à encourager et à maintenir les patients en activité.

Ainsi donc j'ose définir le réseau Sport-Santé comme étant le travail d'une équipe pluridisciplinaire permettant le passage de la sédentarité à l'activité physique régulière et offrant une alternative au seul traitement médicamenteux. Cette définition partielle du Sport-Santé s'étoffera et se complexifiera avec la taille des acteurs du réseau.

Appelons «Réseau-Noyau» l'entité la plus petite du réseau Sport-Santé, constituée de l'éducateur sportif et du médecin. L'accompagnement des patients est d'autant plus qualitatif que ce réseau basal fonctionne de manière efficiente. Le médecin est un professionnel de la santé, l'éducateur sportif de l'accompagnement. Il est important que chacun des deux acteurs respecte son champs d'intervention et de connaissances. Il n'est aucunement nécessaire pour l'éducateur ou l'enseignant en activités physiques adaptées d'accumuler des connaissances thérapeutiques qui n'aideront que partiellement sa pratique. Par contre, une connaissance des observables, liés à l'activité physique et à l'entraînement, permettront un accompagnement adapté.

Quant au médecin, son rôle est de préciser les contre-indications partielles à la pratique qui, durant l'accompagnement, évoluent en même temps que la santé du patient. Les échanges au sein de ce réseau se construisent en lien direct avec les attentes thérapeutiques, la singularité du patient accompagné, le milieu social, les activités choisies et de la durée de prise en charge. Le Réseau-Noyau fonctionne et devient efficient lorsque le médecin et l'éducateur sportif montrent une confiance professionnelle réciproque.

Se pose immédiatement la question de la formation des professionnels du Réseau-Noyau. Que doit savoir l'éducateur sportif ou l'enseignant en activités physiques adaptées ? Sur quelles connaissances des activités physiques adaptées ou du sport le médecin s'appuie t-il pour donner son aval ou pour orienter sa thérapeutique ? Quelles informations doivent circuler entre les deux acteurs ?
Pour répondre, reprenons l'objectif du réseau Sport-Santé : permettre aux usagers – ici les patients, malades chroniques - d'engager une activité physique régulière en vue d'améliorer leur condition physique et, par extension, leur santé.

Il devient alors plus facile de déterminer les constituantes de l'accompagnement (de la prise en charge allais-je écrire) pluridisciplinaire. Les activités adaptées devront être régulières et intenses. Les contre-indications partielles préconisées par le médecin dicteront le niveau d'intensité, le type d'effort et les mouvements à proscrire lors des séances. Nous verrons comment.

La régularité des séances, leur progressivité, l'animation et la variation des activités adaptées seront définies par l'éducateur sportif. Deux compétences doivent être exigées pour l'éducateur. La première sera sa capacité à proposer un cycle, des séances et des exercices visant à atteindre l'amélioration de la condition physique en prenant en compte les contre-indications partielles. La seconde résidera dans sa capacité à modifier son cycle, ses séances et ses exercices au regard de l'évolution des contre-indications, des observables des séances et de l'évolution du patient. L'éducateur sportif utilisera pour cela ses connaissances techniques et usera fondamentalement de pédagogie différenciée.

Une troisième compétence, indispensable, doit être exigée : la capacité de l'éducateur sportif à évaluer les effets de l'activité sur la santé. Certains soutiendront que l'éducateur sportif («Sport-Santé») doit se différencier par cette compétence. Je pense que cette compétence est inhérente au réseau Sport-Santé et que l'évaluation de l'action (soit-elle maitrisée par l'éducateur en charge de l'accompagnement) doit être effectuée par une personne ou un organisme extérieur. L'évaluation au sein du réseau Sport-Santé doit être structurelle. Elle doit préciser les relations entre les différents acteurs (orientation et flux des patients) et à la participation effective des usagers. Elle doit permettre non pas de démontrer l'effet de l'activité sur la santé, mais l'effet du réseau sur la poursuite de l'activité et l'observance thérapeutique du patient.

L'éducateur sportif du Réseau-Noyau n'est ni apprenti médecin, ni semi-kinésithérapeute. Il ne diagnostique aucune pathologie et ne rééduque pas les patients. De manière analogue aux traitements médicamenteux, l'éducateur sportif et le cycle d'accompagnement Sport-Santé servent d'outils au médecin. En prenant en compte les préconisations de ce dernier et l'état de santé du patient, l'éducateur sportif entraîne les patients vers une activité physique, adaptée, régulière et intense.

La prise en charge idéale en Sport-Santé pour un patient serait celle dispensée en dehors de l'établissement de soin, conjointe avec d'autres personnes, pas forcément malades. Elle serait idéale car elle permettrait au patient de (re)devenir un pratiquant et faciliterait ainsi la pérennité de l'activité physique engagée. Dans cette mise en oeuvre, le caractère non médicalisée de l'activité permet d'éviter pour le patient, comme pour les professionnels, le possible amalgame entre les corps de métiers : éducateur sportif ou kinésithérapeute ? Enseignant spécialisé en activités physiques adaptées ou kinésithérapeute du sport ?

Ceci-dit, débuter l'accompagnement des patients à l'hôpital peut faire partie de la stratégie permettant la «mise à l'étrier», nécessaire pour les moins enclins à la pratique d'activité physique et de sport. Mais l'idée d'une activité en dehors de l'hôpital et d'un réseau-noyau de ville, doit faire son chemin dans l'esprit du patient pour pouvoir atteindre l'objectif d'autonomie.

Le médecin du réseau Sport-Santé doit posséder également au moins deux compétences. La première réside dans sa capacité à identifier les contre-indications partielles au regard de pathologies, souvent intriquées. La seconde compétence réside dans l'adaptation des traitements au regard des évolutions comportementales et physiologiques, dues à la pratique de plus en plus régulière de ses patients. L'adaptation, par définition, sera progressive. Les réseaux Sport-Santé s'appuient aujourd'hui sur les compétences des médecins du sport. Formés aux complexités des maladies intriquées et des pathologies liées à l'entraînement, les médecins du sport sont les interlocuteurs légitimes entre le monde du sport et celui de la santé.

Le certificat de contre-indication partielles doit rester simple de compréhension pour le triptyque composé du médecin, de l'éducateur sportif et du patient. N'indiquant ni diagnostic médical, ni information sur les traitements, il permet au médecin, dans un premier temps, de faire comprendre au patient comme à l'enseignant en activités physiques adaptées, les interdictions formelles. Il est important de s'accorder du temps au sein du Réseau-Noyau pour définir les éléments constitutifs de ce type de certificat.

Le réseau Sport-Santé commence donc par la rédaction, au sein du Réseau-Noyau, du certificat de contre indications partielles.

En pratique, le Sport-Santé utilise des activités physiques adaptées à l'état de forme physique, psychologique et social de la personne accompagnée. Actuellement, le Sport-Santé s'organise pour encadrer la prise en charge des maladies chroniques et du surpoids. Une excellente porte d'entrée qui, je l'espère, est une première marche vers l'objectif d'amélioration des entrainements sportifs et du suivi des publics jeunes et non professionnels.

Il serait réducteur de considérer le Sport-Santé comme l'activité des uniques diabétiques ou des personnes en surpoids et des « faibles ». Ce serait réducteur, stigmatisant...et complètement faux. Comme la vision minimaliste qui encourage les personnes en surpoids à ne faire que des activités de gymnastique douce ou autres activités associées, permettant de se sentir bien dans son « gros » corps. Proposer un projet de Sport-Santé aux personnes diabétiques doit leur permettre d'augmenter de manière significative leurs dépenses énergétiques quotidiennes pour faire comprendre le lien entre activité physique, alimentation et traitements médicamenteux. L'exemple du diabète est excellent car les résultats sont rapidement visibles. Par extension, la compréhension des effets de la dépense énergétique sur la santé reste bénéfique pour l'ensemble des personnes sédentaires, malades chroniques ou non.

Ainsi, vouloir faire du Sport-Santé, c'est commencer par créer un Réseau-Noyau. C'est rédiger, au sein de ce Réseau-Noyau, un certificat médical de contre-indications partielles, dépourvu de diagnostic et compréhensible par l'éducateur sportif et le patient. S'ensuit, l'étape de prise en charge, d'accompagnement des patients. Deux points sont à réfléchir : la conception du programme d'accompagnement et l'animation de séances d'activités physique adaptées.

Deux conceptions du Sport-Santé visent à s'opposer

Le Sport-Santé « de ville » peut parfois s'opposer à la conception que je nommerai Sport-Santé « de plateau technique ». Sans connotations péjoratives, cette appellation vise à définir les programmes scientifiques visant l'amélioration de la condition physique. Malheureusement, par nature, ces deux visions non opposables peinent à s'accepter l'une l'autre ou s'efforcent de souligner leurs différences.

Indispensable à la pérennité et à la validation de la prise en charge de patients par l'activité physique adaptée, l'organisation de plateau possède les vertus de la recherche scientifique. La pratique de plateau maîtrise les variables d'encadrement. Les protocoles qu'elle propose s'appuient sur des bases scientifiques solides et la réalisation ne peut être que standardisée, sinon réfutable. Ceux qui aiment opposer cette conception à celle du Sport-Santé de ville insiste sur la rigueur scientifique et, de ce point du vue, ils n'ont pas tout à fait tort.

Par ailleurs, le Sport-Santé de ville doit mettre en oeuvre des programmes réalisables à grande échelle. Des programmes de santé publique. Davantage axés sur la capacité à maintenir en activité (adaptée) que sur la validité scientifique, ces programmes se basent sur la recherche et les résultats scientifiques. Tout comme l'entraînement sportif en fait. L'évaluation scientifique de ces programmes doit alimenter les recherches de plateau. Recherches qui permettront de modifier les prises en charge. L'un alimente l'autre, l'autre alimente l'un.

Ainsi donc, Sport-Santé de ville et de plateau ne sont pas opposés mais bien complémentaires. Il serait réducteur de dire que l'une est plus scientifique que l'autre, que l'autre est moins coûteuse et plus efficiente, que théorie et pratique ne sont pas interconnectées. Le conflit possible entre ces deux organisations prend davantage naissance dans le besoin de reconnaissance ou de leadership de l'un sur l'autre, lié aux enjeux économiques, que de volonté d'efficience ou d'amélioration de la prise en charge par l'activité physique.

S'ensuivent les réflexions autour du coût de la prise en charge. Les crédits alloués à la prévention primaires sont-ils dans la même enveloppe que ceux de la recherche ? Le Sport-Santé de plateau peut-il mener des actions de santé publique ? Est-ce le rôle du Sport-Santé de ville de s'auto-évaluer avec des outils de plus en plus fiables et ainsi de créer des mini-plateaux scientifiques ?

L'efficience veut une collaboration entre Sport-Santé de ville et de plateau. Le second évaluant le premier et l'orientant au regard de ses recherches. Le premier organisant son activité grâce aux recherches du second. L'un alimente l'autre, l'autre alimente l'un.

Ce n'est pas parce-que les choses sont difficiles que nous n'osons les faire, c'est parce-que nous n'osons pas qu'elles sont difficiles

La création d'un réseau Sport-Santé implique des acteurs variés et peut s'avérer complexe en gestion. La multitudes d'usagers potentiels, les différences de besoins entre les adultes et les enfants, les activités spécifiques à développer pour les femmes, l'évaluation qui doit être la plus précise et la plus réalisable possible, le choix des encadrants...autant d'éléments justifiant l'immobilisme sur un sujet de prévention par l'activité physique devenu urgent. Tentons de lister quelques freins rencontrés lors de la mise en place du Projet Défi-Forme Santé, en Seine-Saint-Denis.

Le Défi-Forme Santé est un cycle de 12 semaines. Il permet aux usagers d'engager une activité physique régulière en proposant cinq (5) activités hebdomadaires. Les usagers peuvent être des patients orientés par leurs médecins ou des personnes sédentaires et en surpoids désireuses de reprendre une activité physique régulière. Au terme du cycle les usagers rencontrent un conseiller médico-sportif pour organiser le maintien de l'activité physique ou du sport en dehors du projet Défi-Forme Santé. Le programme né en 2011 a accueilli plus de 1800 usagers en 2017 et possède la reconnaissance des instances institutionnelles.

Cette brève et partielle présentation cache une complexité de mise en oeuvre. La première difficulté rencontrée, en 2010, était de faire accepter que l'activité physique en direction des personnes en surpoids et des malades chroniques, avait sa place dans l'offre sportive. Aujourd'hui pratiquement acquise, l'idée d'un Sport-Santé nécessitant un traitement spécifique dans le recrutement, l'encadrement et le suivi des usagers, paraissait folle. «Cela existe déjà» pour certains, «est inutile» pour d'autres.

L'autre difficulté, aujourd'hui partiellement surmontée, était de mélanger le monde du sport et celui de la santé. Alors oui, il existait d'une part les acteurs du monde sportif avec une école municipale des sports et ses éducateurs sportifs municipaux, les associations sportives de différents niveaux et leurs entraîneurs brevetés d'état, les associations de bien-être. Oui, il existait d'autre part, le secteur de la santé et de la prévention bien développé avec un centre médico-sportif, des centres de santé, un centre hospitalier efficace, un Atelier Santé-Ville et une Maison de la

Santé, regroupant un réseau de professionnels de santé. Mais non, il n'y avait pas ou seulement d'infimes liaisons entre les deux mondes.

Les pratiques actuelles du Sport-Santé tendent malheureusement à renforcer les différences entre les deux mondes du sport et de la santé. Le Sport-Santé s'affuble de vertus qui tantôt le lie à la santé, tantôt au sport. Dans le premier cas, les pratiques de Sport-Santé sont étroitement liées au monde de la rééducation des patients les plus atteints : insuffisants cardiaques, patients atteints de douleurs articulaires pouvant à peine marcher…Dans le second cas, le Sport-Santé encadre les sportifs ne pouvant ou ne voulant participer aux compétitions sportives. Une sorte de pratique de loisir bis.

Le Sport-Santé est le médiateur (et se trouve à la médiatrice) de ces deux extrêmes et cela explique sa complexité. Car s'il faut saluer les pratiques actuelles au sein des centres hospitaliers et des clubs sportifs, il faudra les condamner dans deux ans si elle n'ont pas donné lieu à de réels réseaux, de réelles complémentarité entre ces deux mondes. Si elle n'ont pas réussies à rendre systématique l'activité physique dans les pratiques de ses actuels usagers alors le Sport-Santé (et son financement) s'éteindra.
Ainsi donc le Sport-Santé continue de se définir. Il a aujourd'hui deux branches complémentaires mais non reliées. Cette situation, indispensable à l'acceptation du Sport-Santé par les deux mondes, doit conduire à la mise en réseau et à la systématique de l'activité physique : dans les traitements de certaines pathologies d'une part et d'autre part, dans la prise en charge, adaptées et progressive d'une nouvelle catégorie de

sportifs. Deux éléments permettront de tendre vers cet idéal : l'encadrement des séances et l'entretien de la motivation.

S'ajoute une joute stérile : qui doit et peut encadrer ?

L'intervenant en Activités Physiques Adaptées, l'éducateur médico-sportif, le coach Sport-Santé...ne sont-il pas tout simplement des éducateurs sportifs professionnels ?

Le statut d'enseignant en Activités Physiques Adaptées, défendu à raison par les représentants des filières universitaires, implique des compétences ajoutées, et vise dans certaines bouches à souligner l'incompétence des éducateurs sportifs qui ne sont pas « APA ». Nul n'est question ici de lister les différences entre un coach sportif, un entraineur ou un intervenant en APA. La réglementation va dans ce sens : seuls les intervenants APA vont pouvoir encadrer du Sport-Santé ?

Pour des raisons réglementaires, cette décision est compréhensible pour au moins deux raisons. La première est l'incapacité pour les pouvoir publics d'avoir une vision claire de ce que peut être le Sport-Santé au sein des clubs sportifs. Les fédérations sportives essaient des choses, proposent plusieurs « Activités-Santé » qui vont dans le bon sens mais demeurent encore perçue comme une activité de loisir pour malade. Le travail de réseau ou même inter-fédération fait encore défaut.

Pour des raisons pratiques, cette décision est moins compréhensive si l'on ne définit pas clairement les publics encadrés. Dans l'état actuel des choses, il est accepté qu'au sein du monde la santé, les enseignants en APA doivent être les uniques interlocuteurs. Dans le monde des clubs sportifs, les brevetés d'état et autres brevets professionnels (sous réserve de formations complémentaires) font usage.

Se juxtapose ainsi, en théorie, deux Sport-Santé. Celui de l'hôpital et celui des clubs sportifs. Heureusement qu'en pratique les enseignants en APA sont demandés au sein des clubs sportifs. Mais leur présence au sein de centres hospitaliers sera rapidement considérées comme une promotion pour ces nouveaux éducateurs. Ne verront-ils pas la pratique du Sport-Santé au sein des associations sportives comme une relégation en seconde division ? J'ai bien peur que si car rien n'est plus flatteur pour un éducateur sportif universitaire de travailler au sein d'une équipe pluridisciplinaire, sur un plateau technique, aux cotés de cardiologues, médecins du sports, chirurgiens. La mise en place d'un programme Sport-Santé comme le Défi-Forme Santé peut alors leur paraitre comme étant « du folklore » ou « du faux Sport-Santé » car n'étant pas dispensé dans un lieu stérile. A tort bien évidemment.

De multiples questions demeurent : Comment faire accepter aux enseignants en APA, aux médecins et aux institutions sanitaires que l'encadrement hors-les-murs de l'hopital demeure du Sport-Santé ? Comment expliquer aux clubs sportifs et aux coachs qu'il ne suffit pas d'encadrer des malades chroniques ou des personnes « boiteuses » en gymnastique douce ou en séances de rééducation fonctionnelle pour faire du Sport-Santé ?

En même temps, demeure l'essentielle interrogation : comment motiver les sédentaires à pratiquer soit au sein de l'hopital , soit dans les clubs sportifs ?

Motiver le plus grand nombre à bouger

Il est difficilement envisageable de vouloir accompagner des personnes sédentaires vers l'activité physique régulière sans tenter de comprendre leurs motivations à l'éviter. Un des premiers défi d'un réseau Sport-Santé consiste souvent à modifier les représentations, partiellement erronées, sur le sport. Tentons de dresser un profil type de l'usager dont il est question.

Les personnes sédentaires ici décrites sont en surpoids, parfois obèses. Leur singularité ne se situe pas au niveau de leur physique mais au niveau de leur comportement. Ces patients sont sédentaires et cette sédentarité peut être à l'origine du développement d'une ou de plusieurs maladies chroniques.

Ce tableau, réducteur, permettra au réseau de concevoir un accompagnement adapté. Bien que ce soit communément admis, je souligne lourdement qu'un programme d'accompagnement Sport-Santé doit être étroitement lié aux caractéristiques des personnes prises en charge. Il est donc impossible, d'établir des programmes clés en main, j'insiste.

Il est assez facile de motiver une personne à fuir un comportement qu'elle réfute naturellement.
C'est d'ailleurs le cas pour l'activité physique régulière.
Vulgairement appelée « sport » pour ceux qui ne font et

n'ont pas à faire la différence, l'activité physique est une perte de temps, un loisir inutile.

Les organisateurs et les acteurs du réseau Sport-Santé ont alors pour mission de susciter et d'entretenir l'envie de pratiquer. Pour cela, chacun à son niveau, possède des armes plus ou moins efficaces. Le médecin connait et peut expliquer les effets délétères de la sédentarité sur la santé. L'éducateur sportif maitrise l'organisation de cycles et de séances entraînantes, qui jouent sur la motivation comme sur la condition physique. Le Réseau-Noyau doit faire la synthèse de ses compétences et utiliser le projet individuel de transformation pour encourager un comportement actif. La forme du réseau Sport-Santé est elle-même un vecteur de motivation. Prenons, pour illustrer mes propos, l'exemple de l'action Défi-Forme Santé, présenté plus haut. L'association du Sport-Santé propose un cycle de douze (12) semaines, non renouvelable, durant lesquelles les adhérents peuvent participer à différentes activités.

Les usagers du réseau ont la possibilité de participer aux séances qu'ils désirent. Aucune obligation de nombre ou d'horaire de séance, aucune obligation d'activité n'est donnée. L'action étant financée en quasi-totalité par l'Agence Régionale de Santé (ARS 93), les adhérents doivent s'acquitter d'une adhésion de 10€.

Observons, pour ce programme, les éléments qui minimisent les trois freins habituellement rencontrés.

Le premier frein est la faute de temps : « *Quel jour ? Le mardi ? Je ne peux pas, je dois faire les courses. Le lundi, je suis libre de 18h à 19h. Le samedi matin ? Impossible c'est le jour du football... ».*

La multitude des séances proposées par le programme Défi-Forme Santé permet au patient de choisir un créneau horaire adapté à son emploi du temps sans pour autant que ce choix ne devienne définitif.

Un second frein est le choix des activités. La méconnaissance de l'activité physique, la peur d'un sport contraignant, fatiguant, fait pour les sportifs professionnels et qui doit faire mal d'une part et d'autre part, la conviction que leur maladie interdit toute activité.

Enfin, freine le montant de la cotisation. Lorsqu'un patient n'a pas l'habitude d'engager des dépenses pour ses loisirs, le prix est forcément élevé. Sans méchantes caricatures, à Saint-Denis, certains patients orientés vers le Défi-Forme Santé ont pour souci de nourrir leur famille et de satisfaire les loisirs de leurs enfants. Il n'est aucunement envisageable pour eux de dépenser une centaine d'euros dans une activité de loisir. Et ceci même s'il sont capables de dépenser une somme identique dans l'achat de médicaments. Tout est une question, encore une fois, de représentations. La cotisation à 10€ permet de lever le frein pendant 12 semaines. L'expérience de ce programme a démontré qu'au sortir de ce cycle, les adhérents sont prêt à mettre plus de 200€ dans une pratique annuelle.

L'Association du Sport-Santé a donc, avant même d'encadrer les adhérents, poser les jalons d'une organisation propice à l'entrée et au maintien dans l'activité physique régulière. Imaginons pour comparer un programme « dit » Sport-Santé, uniquement destiné aux patients diabétiques de type 2, une fois par mois, le mardi soir de 18h30 à 19h15 dans un gymnase situé dans un quartier non éclairé...Vous comprendrez aisément, par cette raillerie, qu'il sera difficile de justifier son appellation.

Je ne m'attarderai pas sur les effets physiologiques de l'accompagnement de 12 semaines, de la fréquence de 5 séances hebdomadaires car le propos ici est organisationnel et non démonstratif des effets de l'activité physique régulière sur la condition physique. Nous en sommes certains et nous n'avons plus besoin de le prouver : l'activité physique régulière, celle qui nous essouffle, améliore la condition physique.

La durée du cycle présenté est un élément important et aura un impact sur la motivation.

Le cycle unique dure 12 semaines, ce qui élimine les angoisses liées aux engagements annuels. Pour une personne inscrite, qui s'est acquittée de sa cotisation et qui a ainsi la possibilité de faire autant d'activités qu'elle le souhaite, perdre une semaine équivaut à perdre cinq possibilités de pratique. Après deux semaines perdues, cette même personne ne pourra profiter «que» de dix semaines, contrairement aux autres membres du groupe. L'être humain est un être social qui existe en se comparant aux autres. Exiger les mêmes droits et les mêmes bénéfices est normal. Ce comportement aidera l'Association du Sport-Santé à atteindre son objectif d'encourager à la pratique d'un maximum de séances durant la prise en charge.

Autre chose, au terme du cycle, notamment lorsque ce dernier prend fin en milieu d'année scolaire, une angoisse apparaît : « Mais comment continuer ? »...le réseau Défi-Forme Santé a remporté son challenge en construisant l'envie de poursuivre l'activité.

Bien entendu, comme indiqué dans la définition du réseau Sport-Santé, l'organisation ne fait pas tout. Reste maintenant à s'accorder sur le discours, sur le trajet du patient, sur le passage du patient à l'usager, sur l'individualisation de l'accompagnement, sur l'animation des séances, sur les passerelles avec les réseaux externes au Sport-Santé, sur les trois premières semaines de pratique…

Faire du Sport-Santé

Les pratiques évoluent. Que ce soit dans le domaine du sport ou de la médecine, les pratiquants comme les patients changent au regard des évolutions de la société. Bien qu'il soit présenté aujourd'hui comme une nouvelle pratique, le Sport-Santé existe depuis un moment. Son (re)développement est le résultat d'un double constat : il y a, d'une part, de plus en plus de malades chroniques, sédentaires et majoritairement en surpoids qui sont encouragés à «faire du sport» ou à «perdre du poids» par leurs médecins. D'autre part, l'offre sportive au sein des associations et des clubs privés ne convient pas forcément à cette population, de plus en plus importante.

Sans vouloir débattre sur les causes de ce double constat, je resterai volontairement réducteur et subjectif en affirmant que la dévaluation de l'activité physique pour tous s'est propagée, durant ce dernier quart de siècle, en réponse au développement du spectacle sportif. Ce dernier, avec tout ce qui l'accompagne comme intérêts économiques et sociaux, s'est développé à l'échelle internationale au détriment de l'accompagnement local. Or, l'activité physique au niveau des communes et des régions, devrait être au local ce que le sport de haut niveau est au national. C'est à dire un outil qui permettrait d'améliorer sa santé, localement ; et qui servirait de tremplin économique et social pour ceux qui, ayant les qualités physiques et la volonté psychologique, pourraient accéder au sport (spectacle) de haut niveau. Or ce n'est pas le cas.   Aujourd'hui, c'est comme si les seuls pratiquants autorisés à se complaire dans le sport, notamment chez les plus jeunes, n'étaient seulement ceux qui pourraient en faire leur métier.

A ce double constat s'ajoute l'état de suspicion généralisé envers les traitements médicamenteux et les professionnels de santé. Cette suspicion altère la relation médecin-patient.

Le patient a toujours confiance en son médecin, mais pas totalement. Alors le patient s'informe. Il peut, d'une part, retrouver ce qu'il pense être ses symptômes sur internet et établir derechef un diagnostic aléatoire basé sur des similitudes dont les forums sont remplis. D'autre part, il peut consulter d'autres "spécialistes", pas forcément reconnus dans le secteur médical qui auront une méthode "qui marche mieux", mais qui nécessite plusieurs années de suivi.

Prenons pour exemple cet athlète qui se soigne, à chaque relance de son genou, depuis trois ans chez le même ostéopathe. Pour le sportif, la prise en charge fonctionne car il est à chaque fois soulagé. Il ne se préoccupe pas de la récidive. Plus inquiétant, il n'est pas étonné de ne pas avoir de diagnostic médical ou refuse celui du médecin.

Cette illustration ne veut pas uniquement condamner l'action de l'ostéopathe (pour notre exemple). Il indique que les patients sont à la recherche d'avis multiples, souvent de complaisance.

Que ce soit pour les sportifs ou pour les personnes sédentaires, une prise en charge particulière est nécessaire. Cette dernière, située entre la rééducation fonctionnelle du kinésithérapeute et l'entraînement de compétition devrait permettre d'engager une activité sécurisée, visant un objectif sanitaire.

La sécurité de l'entraînement est assurée par l'intégration de contre-indications partielles. L'objectif répondant à un projet personnel : améliorer sa condition physique générale, travailler sa force, son équilibre...La difficulté dans cet accompagnement est de définir les bornes de chacun des intervenants. Un kinésithérapeute n'est pas forcément un entraîneur, un intervenant en activités physiques adaptées n'est certainement pas un kinésithérapeute. Le développement du Sport-Santé, notamment au sein des établissements de soins, impliquera obligatoirement une définition des prises en charge et des objectifs poursuivis. Les actions Sport-Santé ne doivent pas tendre vers la rééducation fonctionnelle mais plutôt vers l'entrainement sportif.

L'autre élément important qui pousse les réseaux Sport-Santé à se développer n'est autre que leur impact, reconnu, sur la santé. Il n'est pas dans le propos de cet ouvrage de débattre sur les effets de l'activité physique sur la santé. Cependant, c'est bien grâce aux améliorations mondialement reconnues et localement prouvées que le Sport-Santé intéresse. Il intéresse de plus en plus les acteurs de santé et les patients. De ce fait, il intéresse les clubs, ligues et fédérations pour au moins deux raisons.

La raison la plus louable est la volonté d'encourager un nouveau public à la pratique dans une vision sanitaire. La moins louable, et malheureusement celle qui se présente comme étant la plus réelle, est la volonté pour les fédérations sportives d'augmenter de manière exponentielle leur nombre d'adhérents en accueillant de nouveaux pratiquants. L'apogée du développement des réseaux Sport-Santé sera atteint lorsque les équipementiers prendront conscience du marché.

Que ce soit pour l'une ou l'autre raison, l'important est de ne pas mentir aux nouveaux pratiquants et de leur proposer un accompagnement adapté. Bien que, pour le moment, les activités proposées aux malades chroniques ou personnes en surpoids restent, en général, assez standardisées, il n'en demeure pas moins que ces activités se multiplient. L'idéal sera atteint lorsque toute les activités de toute les fédérations auront des dispositifs adaptés...mais réellement adaptés. Je m'explique.

L'appellation «Santé» ne devrait pas devenir synonyme de «pour les pauvres, les gros, les malades». La volonté de l'intervenant en activités physiques adaptées devrait être identique à celle de l'entraîneur passionné qui souhaite que tout ses athlètes se qualifient aux Jeux Olympiques. Cet entraîneur conçoit et met en place un programme individualisé, un suivi particulier qui comporte fréquence d'entrainement, repos et soins, calendrier de compétition. Il utilise des évaluations, des points de contrôle, lui permettant de réorganiser, fréquemment, ses cycles d'entraînement.

L'intervenant en activités adaptées devrait être un bon entraîneur sportif. Garant de la bonne santé de son patient/pratiquant, il devrait poursuivre l'objectif d'améliorer sa condition physique. Il utiliserait les activités à fortes dépenses énergétiques, en les adaptant afin d'éviter les traumas. Les formations STAPS APA vont dans ce sens en proposant des contenus théoriques appuyés par des stages pratiques auprès de publics fragilisés. Le Sport-Santé est aujourd'hui un enjeu sanitaire et social. Il va vite devenir un enjeu économique auprès des équipementiers, des pouvoirs publics et des entrepreneurs en santé et en sport.

Reste maintenant à trouver la forme de l'accompagnement pluridisciplinaire qui permettra d'amener le plus grand nombre à une pratique autonome, tantôt au sein des clubs sportifs, tantôt en pratique libre. Vivelesport.

CONCEVOIR UN PROGRAMME SPORT-SANTE
Propositions

Une proposition de fonctionnement

Je propose une méthode ou plutôt un état d'esprit pour concevoir un programme Sport-Santé. Il n'est que le résultat des expériences de terrain et correspond à un territoire, une époque, des partenaires. Pour le comprendre, il faut comprendre sa genèse. Voici le début du conte.

Un entraîneur de basket-ball, qui devant son souci de limiter les blessures de ses joueuses tout en maintenant des séances intenses et fréquentes, sollicite un médecin du sport. Grace à leurs échanges de connaissances l'un dans le secteur sportif, l'autre dans le secteur médical, l'entraîneur parvient au terme d'une longues saison, à éviter les blessures liées à la fatigue tout améliorant les résultats sportifs collectifs.

Le résultat de ce travail d'équipe est alors triple. D'une part l'entraineur et son équipe parviennent à leur objectif sportif. D'autre part le médecin du sport contribue à la mise en place d'un entraînement borné en intensité et individualisé au regard de contre-indications, limitant ainsi les traumas. Enfin, les joueuses améliorent leur condition physique, leur techniques et deviennent actrices en améliorant leurs connaissances vis à vis de leur corps. Le Sport-Santé est lancé, paradoxalement, dans le secteur sportif.

Cette histoire -vraie- doit permettre de comprendre que le Sport-Santé est un mode d'encadrement collectif visant à protéger les athlètes ou les nouveaux pratiquants. Rien de fumant, rien de nouveau, mais seulement une application réaliste des fantasmes des entraîneurs et des sportifs voulant copier le haut-niveau.

C'est l'adaptation de cet accompagnement en direction des malades chroniques et le public sédentaire qui sera détaillée par la suite. Je ne peux être exhaustif. Ces propos résultent de mes vulgaires expériences et réalisations de projets. De ces projets qui fonctionnent et me permettent ce témoignage. Mes propos concernent l'encadrement des personnes en surpoids, sédentaires, sujettes aux maladies chroniques (diabètes, obésité et complications associées). Les traitements du handicap et de l'accompagnement des sportifs proche du haut niveau n'y figurent pas, combien même ils reposent à mes yeux sur les même principes. Bien que cette méthode soient présentées comme des injonctions à suivre, il n'en demeure pas moins que tout est adaptable et discutable. Chaque réseau Sport-Santé pourra y piocher ce qui lui plait et tenter d'éluder ce qui lui parait inutile.

Le cycle incitateur, programme passerelle entre l'état de sédentarité et l'activité régulière, dure six à douze semaines. Son objectif est d'habituer les usagers à pratiquer régulièrement, en vue d'une pratique de plus en plus autonome.

Le cycle incitateur se découpera en trois partie : une phase dite « d'accroche » de trois semaines et de reprise progressive d'activité physique, une phase dite « d'accoutumance » de trois à six semaines durant lesquelles intensités et fréquences se rapprochent, lorsque cela est possible, du sport loisir, une phase dite « d'orientation » qui couvre l'ensemble de la prise en charge et qui a pour objectif la poursuite et le maintien dans l'activité physique.

Les différentes parties du cycle incitateur sont flexibles par leur durée et peuvent se superposer selon la condition physique initiale, les contre-indications partielles et la capacité d'entraînement de l'usager. Un des points les plus difficiles de ce cycle est d'y faire adhérer les usagers les plus éloignés de l'activité physique et du sport.

Le programme-passerelle doit proposer au moins cinq séances d'activités physiques hebdomadaires, pratiquement une par jour à différents horaires (matin, après-midi, soir). Ceci afin d'encourager la flexibilité d'utilisation par les usagers ainsi qu'une utilisation du plus grand nombre possible de pratiquants.

L'alternance entre activités terrestres « en charge » et activités aquatiques « en décharge », au-delà des avantages musculaires, permet d'éviter la monotonie du cycle et donc d'entretenir la motivation.

Les usagers doivent au terme du cycle incitateur sentir une amélioration d'au moins deux composantes de leurs santé : physique, morale et/ou sociale.

La phase d'accroche

C'est la plus longue pour les plus éloignés de l'activité. En réalité, elle débute par les conseils répétés du médecin de « faire du sport », par la distribution de prospectus, par le retrait du dossier d'inscription, par l'appel six mois plus tard pour obtenir des informations…par les différentes phases du cycle de motivation de Prochaska et DiClemente Pour certains patients elle dure deux à trois ans.

Nous réduirons cette phase au moment de la rencontre, sur le terrain, avec l'éducateur sportif.

Il est alors important, dans la conception d'un programme Sport-Santé, de tout mettre en oeuvre pour que les usagers soient directement invités à participer à une séance. Par exemple, à faire en sorte que le dossier ou que les informations se retirent aux horaires des séances d'activité, dans le gymnase. Ainsi, même s'ils ne pratiquent pas le premier jour, il sera possible aux futurs usagers de trouver le lieu de pratique, de rencontrer l'intervenant, de voir le groupe fonctionner, de participer à la séance.

Durant ces premières séances, des messages clairs doivent être transmis, de manière insistante. Le premier est d'insister sur le fait que le cycle ne dure « que » douze semaines et qu'il faut en profiter un maximum pour avoir des effets sur la santé (ne parlez, s'il vous plait, pas forcément du poids mais plutôt de la condition physique). Le défi sur trois semaines doit aussi être lancé. Je le résumerai ainsi :

« L'objectif est de tenir le rythme sur trois semaines consécutives. Et durant ces trois semaines, il serait bien de faire au moins trois activités. Si vous avez des douleurs musculaires demain ou après-demain, prévenez l'éducateur lors de la prochaine séance afin qu'il adapte les exercices. Tentez de différencier les douleurs musculaires, consécutives à l'entrainement, des douleurs articulaires. En cas de doute et si les douleurs vous empêchent de dormir toute la nuit, alors consultez votre médecin ou le médecin du sport du réseau. Il nous fera un courrier pour nous expliquer et ainsi l'éducateur pourra adapter vos séances. N'oubliez pas, on se donne trois semaines où vous dites à vos amis et à votre famille que lundi mercredi et vendredi de 18h à 19h vous êtes au sport. Trois semaines assez difficiles physiquement et dans l'organisation familiale mais vous verrez ensuite… on fait un point en semaine 4 mais surtout n'hésitez pas nous à faire des retours sur les séances. Nous avons besoin de cela pour construire le cycle… »

Bien entendu, ces informations sont distillées durant les premières séances. Les informations sont répétées à chaque séances, en début de cycle, au détour d'un exercice ou d'une pause boisson. Il ne faut surtout pas de caractère obligatoire, confidentiel ou trop sérieux. Juste une redondance. Un entretien individuel introductif aux séances n'est pas nécessaire pour les personnes qui ont réussies à venir. Elle le seront pour les usagers demandeurs, plus angoissés à l'idée de commencer un cycle d'activité ou à ceux qui ont eu l'information qu'un entretien préalable est obligatoire. Il faut, à cette étape, que les usagers ressentent deux éléments rassurants.

Premièrement, que la fatigue ou les douleurs sont normales et ne doivent ni les décourager, ni freiner la fréquence d'activité. Une idée fausse est de se dire « j'y retournerai lorsque je serai en pleine forme ». C'est pourquoi il faut insister sur leurs possibilités de faire un retour à l'éducateur sportif en début de chaque séance. Par ailleurs, l'éducateur doit systématiquement dans les cinq minutes du début de séances, au moment de l'échauffement, interroger le groupe pour savoir si tout le monde va bien et si des courbatures ou des douleurs ont été ressenties lors de la séance précédente.

Deuxièmement, l'usager dit comprendre que les séances ne seront pas identiques. Chaque séance est UNIQUE. Que les séances seront difficiles physiquement au début mais que cette difficulté s'amenuisera « dès la prochaine séance ».

Dans les faits, les séances seront de plus en plus intenses mais la perception sera inversée du fait de l'entraînement (oui de l'entraînement) des usagers. C'est pourquoi il est essentiel que la pratique sur trois semaines consécutives soit respectée.

Vous constaterez que ces informations, généralistes, ont pour objectif de maintenir les usagers dans une fréquence d'activité qui entraînera des effets perceptibles. Car tout sédentaire reprenant l'entraînement trois fois par semaine, sent qu'il se passe quelque chose au bout de trois à six semaines. Ces injonctions poursuivent également l'objectif de l'éducation thérapeutique : éduquer les pratiquants aux modalités d'amélioration de l'entraînement sportif. Les explications sur les effets de l'activité seront davantage appréciées lorsque les usagers auront progresser, en semaine 6.

La relation entre les usagers et l'éducateur est une relation de confiance. Les usagers doivent sentir qu'ils seront écoutés sans être jugés, qu'ils seront évalués sans être comparés systématiquement à d'autres. L'intervenant ou éducateur sportif est également le garant des bonnes relations entre les usagers. Ils ne doivent en aucun cas être mis en compétition par l'intervenant. C'est un des points de divergence avec le monde sportif fédéral où l'entraîneur peut utiliser la qualité des uns comme épée de Damoclès pour les autres.

Attention, la compétition n'est en rien néfaste. Bien au contraire. Cependant cette première étape d'accroche doit rassurer et le seul point de comparaison doit être l'usager lui-même. Est-il moins essoufflé dans sa pratique de tout les jours, se sent-il moins fatigué au sortir d'une séance…autant d'éléments qui vont conduire l'usager à s'écouter progresser.

Ainsi la phase d'accroche se veut rassurante dans les relations que le nouvel usager aura avec le réseau Sport-Santé, l'éducateur sportif, le groupe et lui-même. Prévoir les points de difficultés que seront la fatigue, les douleurs musculaires, et les problèmes d'organisation, banalise ces éléments de fuite et les rend normaux. « Tout le monde peut avoir ces problèmes et nous, l'équipe du Sport-Santé, nous pouvons vous aider à passer le cap des trois semaines. » Entendons-le bien, l'ensemble de cette phase n'est pas une tromperie ou une simple camaraderie, mais une volonté affichée du réseau d'accompagner chacun des usagers en tentant de limiter les éléments de fuite autres que physiques et/ou lié aux contre-indications partielles.

J'insiste, dans ce premier tome, davantage sur l'état d'esprit à adopter que sur les exercices et/ou types d'activités car, selon moi, tout exercice proposé par des intervenants en APA ou des éducateurs sportifs formés est adapté. Normalement. Ce qui va différencier deux programmes d'activités Sport-Santé sera la propension à accompagner les usagers à poursuivre, et non celle à concevoir ou à encadrer un cycle-type.

L'intervenant ou l'éducateur sportif corrige les postures et les modes de réalisation des exercices. Lors des cours collectifs, un élément important et indispensable va l'aider : le certificat de contre-indications partielles.

Grâce à ce dernier, l'usager connait les mouvements qui lui sont proscrits et le cas échéant, ceux qui lui sont prescrits. Il est invité par le réseau basal Sport-Santé (médecin prescripteur, éducateur sportif) à verbaliser ces interdits. Cette étape renforce la relation de confiance en même temps qu'elle libère la parole de l'usager.

Il faut comprendre que, souvent, les personnes sédentaires qui ont refusé la pratique en club sportif, n'osent pas gêner le groupe par leur incapacité à suivre le rythme. Si la pratique au sein des séances Sport-Santé n'ouvre pas un espace d'échange, la prise en charge en sera atteinte. Par contre, il est important de ne pas tomber dans le « tout-explicatif ». Personne ne vient au Sport-Santé pour entendre un cour magistral de physiologie.

Les phases d'accoutumance et d'orientation

Une fois l'accroche effectuée, la phase d'accoutumance permet de préparer la fin de la prise en charge. L'usager est lors de cette phase content de participer. Il est de plus en plus régulier, de plus en plus demandeur, de plus en plus lié à l'intervenant ou à l'éducateur sportif. C'est dans cette phase qu'il est possible de lui faire découvrir de nouvelles pratiques, de nouveaux exercices, de nouveaux intervenants. Les intensités sont progressivement augmentées selon plusieurs écoles : diminuer les temps de repos ou allonger le temps de pratique ou l'alternance des deux. Peu importe la formule, durant cette période tout est possible du moment que fatigue et motivation de l'usager soient gérées.

Pour les intervenants en Sport-Santé, cette phase va déterminer leur capacité à accompagner les usagers à poursuivre leur activité en toute autonomie au terme du programme-passerelle. C'est lors de cette phase que le mot « réseau » doit résonner. Alors que la phase d'accroche permet à l'usager de se lier à un intervenant et à un groupe d'usagers, celle-ci doit lui permettre d'investir d'autres lieux de pratique : pratiques autonomes, autres intervenants, autre associations sportives.

C'est à ce moment qu'il est important de se recentrer sur l'objectif : permettre la poursuite d'activité physique régulière par les usagers tout au long de leur vie dans le but d'améliorer leur condition physique.

Ceci ne veut pas dire que le réseau de prise en charge initial disparait. Bien au contraire, car c'est à cette étape que son implication est la plus grande. Comment réussir à faire en sorte que, dans 5 semaines, les usagers poursuivent leur nouvelle activité au sein d'autres structures ?

Les phases d'accoutumance et d'orientation sont liées et dépendant de deux variantes : l'encadrement dans les activités et le suivi du projet personnalisé.

Durant la phase d'accoutumance, un objectif à court terme encourageant la pratique régulière ainsi qu'un objectif à moyen ou long terme sont à faire accepter aux usagers. Pour le programme Défi-Forme Santé, différents objectifs à moyen et long terme sont distillés, selon les profils.

Certains attendent six semaines de pratiques effectives pour débuter un suivi diététique (« avec une diététicienne du sport qui [les] aidera à bien s'alimenter avant et après l'activité physique »), d'autres ont en ligne de mire une marche de 5km annuelle traversant le Stade de France, pour d'autres l'enjeu est de faire une randonnée lors de leurs vacances an famille…autant d'objectifs que de personnes avec des temps forts propres à l'Association du Sport-Santé (évaluation de début et de fin de cycle permettant de quantifier les effets positifs, stages Sport-Santé durant les vacances scolaires, orientation vers un club sportif, rencontre avec un conseiller médico-sportif en semaine 12…).

Pour rendre l'orientation efficace la rencontre avec un conseiller médico-sportif semble importante. Ce dernier à pour objectif de maintenir les usagers en activité. Il peut être l'éducateur de la phase d'accroche.

Le conseiller médico-sportif

Professionnel de l'accompagnement, le conseiller médico-sportif est le garant de la poursuite d'activité physique régulière. Plus largement, il donne des conseils techniques permettant d'orienter un sportif sur le type d'entrainement le plus adéquat du moment. Il écoute les difficultés et oriente vers les dispositifs et les professionnels appropriés des secteurs sociaux, sportifs et lorsque le réseau Sport-Santé le permet, vers des professionnels de santé. Il peut évaluer la condition physique, comme le ferait un entraîneur ou un préparateur physique mais certainement pas comme un kinésithérapeute ou un interne de médecine. L'orientation médical et sanitaire reste le travail du médecin, au centre du dispositif de santé.

Son objectif est simple : mettre à l'activité physique régulière au plus vite et pour toujours en donnant les conseils poussant à la plus grande dépense énergétique possible, tout en évitant le surentraînement et la blessure (ou plutôt une des blessures, physique ou narcissique).

Lors du premier entretien l'usager doit impérativement ressortir avec une activité à effectuer dans la semaine. Le conseiller interroge alors sur les créneaux horaires disponibles, échange sur les possibilités financières, explique si nécessaire les contre-indications partielles relevées par le médecin…et procède le cas-échéant à l'évaluation de la condition physique.

Son action sera d'autant plus efficiente que le conseiller travaillera en réseau avec des programmes passerelles, des clubs sportifs, des encadrants en Sport-Santé, des associations de patients, des professionnels de santé de différents secteurs…plus son réseau est important, plus la réponse peut être diversifiée.

Le conseiller médico-sportif peut servir de liant au sein du réseau Sport-Santé. Il doit connaitre parfaitement les modalités d'accueil et de travail des acteurs du réseau Sport-Santé. Au sein du réseau basal, son action est de prendre le temps, là où le médecin traitant ne peut pas le faire (trouver un créneau horaire où l'activité sera possible, trouver un moyen de financer les premières séances d'activité, organiser l'évaluation initiale de condition physique).

Ainsi, lorsqu'un réseau-basal Sport-Santé s'organise, l'activité de l'intervenant Sport-Santé ne se résume pas à dispenser des séances ou des exercices. Tout comme celle du médecin ne se résume pas à prescrire un traitement. Les deux professionnels recherchent; pour l'un, l'observance thérapeutique par des consultations médicales et pour l'autre, la fréquence d'entrainement par des entretiens individuels. Chacun avec ses disponibilités et son domaine de prédilection. Il est bien évidemment possible de demander au médecin de prendre du temps pour tenter de trouver l'activité et le jour propice à sa réalisation, comme il est possible de demander que l'éducateur sportif formé au diabète d'expliquer la maladie et les effets des traitements sur la glycémie. C'est possible. Mais le réseau perdrait en efficience et l'usager-patient serait perdu à force de confondre les interlocuteurs. C'est la fable du coach sportif qui donne un diagnostic medical car il adore la médecine et du médecin qui fait une programmation d'entraînement car il adore le sport…à éviter.

Le conseiller médico-sportif use de méthodes d'entretien de la motivation : relances téléphoniques, invitation à des séances de découverte, séances à domicile, tests reconnus de condition physique, invitation à un évènement sportif, entretiens individuels, prêt de matériel, etc. Dans le cadre du Sport-Santé, il intègre trois informations : les contre-indications partielles, la situation sociale ainsi que les expériences des usagers.

Il a également une mission de suivi d'activité et pour cela il doit utiliser tout les outils disponibles : le travail en réseau avec les différents intervenants en activités physique adaptés, les bracelets connectés, les carnets d'activités, les différentes évaluations de la condition physique. Il doit également rendre compte de ses activités au médecin prescripteur par des compte-rendus trimestriels (cas du diabète) ou semestriel. Enfin, il doit pouvoir servir de tiers dans la relation qui lie les usagers aux associations sportives et programmes Sport-Santé. La plupart des abandons peuvent être évités par l'action d'un médiateur. Tout cela avec une seule idée : maintenir dans l'activité régulière et adaptée.

L'accompagnement, une histoire de bon sens

La prise en charge par le réseau Sport-Santé résulte du bon sens, mais pas que. Utiliser les mots adéquats, motiver à court terme, arriver à faire commencer l'activité pis à la maintenir, motiver, motiver, motiver. Autant d'étapes et de manières de procéder qu'il existe d'intervenants et d'usager. Mais pour autant, tout ces accompagnement doivent viser la poursuite d'activité physique régulière permettant d'améliorer la santé physique.

La dernière étape d'orientation sera la plus simple si les phases d'accroche et d'accoutumance ont été réfléchies et effectuées avec sincérité. L'échec du réseau Sport-Santé serait, que pour plus de la moitié des usagers, le cycle d'activité soit perçu comme une activité récréative ponctuelle gratuite, car financées, et ne débouchant sur aucune envie de poursuivre. Pire encore, dans le scénario où les usagers auraient appris à n'avoir qu'une activité encadrée par le réseau Sport-Santé.

Les acteurs de ce type de réseau doivent à la fois se différencier par leur approche, mais également se confondre par les objectifs poursuivis : bouger régulièrement sans excès pour sa santé. Le rapprochement des mondes du Sport-Compétiton, du Sport-Loisir, du Sport-Santé et de la santé vont dans le sens d'une continuité ou d'un va-et-vient qui ne peut être que positive d'un point de vue sanitaire.

L'enjeu du projet national Sport-Santé est de poursuivre l'efficience en réfléchissant des réseaux où chaque professionnel a sa place. L'efficiences ne pourra se résumer à augmenter ou diversifier les compétences d'un des acteurs en formant, par exemple, des infirmiers à la prise en charge d'entrainement ou encore des éducateurs sportifs à la prescription d'anti-diabétiques. L'enjeu sera de limiter les actions chronophages aux médecins, de rassembler le plus grand nombre d'usagers lors des séances collectives, de former les éducateurs sportifs à l'animation de groupe et au suivi individuel, d'intégrer la nutrition en parallèle des séances d'activité physique, d'évaluer sans que cela ne diminue le volume d'activité physique.

Les difficultés seront nombreuses mais le jeu en vaut la chandelle. Demandons aux éducateurs sportifs d'éduquer sportivement, aux médecins de soigner et aux kinésithérapeute de rééduquer. Mais surtout, trouvons les mots pour faire bouger le plus grand nombre. Vivelesport.

FSC
www.fsc.org
MIXTE
Papier issu
de sources
responsables
Paper from
responsible sources
FSC® C105338